Construyendo el carácter

Ser agradecido

por Rebecca Pettiford

Ideas para padres y maestros

Bullfrog Books permite a los niños practicar la lectura de texto informacional desde el nivel principiante. Repeticiones, palabras conocidas y descripciones en las imágenes ayudan a los lectores principiantes.

Antes de leer
- Hablen acerca de las fotografías. ¿Qué representan para ellos?

- Consulten juntos el glosario de fotografías. Lean las palabras y hablen de ellas.

Durante la lectura
- Hojeen el libro y observen las fotografías. Deje que el niño haga preguntas. Muestre las descripciones en las imágenes.

- Lea el libro al niño, o deje que él o ella lo lea independientemente.

Después de leer
- Anime a que el niño piense más. Pregúntele: ¿De qué estás agradecido? ¿Cómo muestras tu gratitud?

Bullfrog Books are published by Jump!
5357 Penn Avenue South
Minneapolis, MN 55419
www.jumplibrary.com

Library of Congress Cataloging-in-Publication Data

Names: Pettiford, Rebecca, author.
Translation of: Pettiford, Rebecca. Being grateful.
Title: Ser agradecido / por Rebecca Pettiford.
Other titles: Being grateful. Spanish
Description: Minneapolis, MN: Jump!, Inc., 2018.
Series: Construyendo el carácter | Includes index.
Audience: Ages 5–8. | Audience: K to Grade 3.
Identifiers: LCCN 2017035782 (print)
LCCN 2017036369 (ebook)
ISBN 9781624966491 (ebook)
ISBN 9781620319833 (hardcover: alk. paper)
ISBN 9781620319840 (pbk.)
Subjects: LCSH: Gratitude—Juvenile literature.
Classification: LCC BF575.G68 (ebook)
LCC BF575.G68 P4818 2017 (print) | DDC 179/.9—dc23
LC record available at https://lccn.loc.gov/2017035782

Editor: Kirsten Chang
Book Designer: Michelle Sonnek
Photo Researcher: Michelle Sonnek
Translator: RAM Translations

Photo Credits: All photos by Shutterstock except: Adobe Stock, 16–17; Alamy, 6–7; Getty, 18–19; iStock, cover, 1, 8.

Printed in the United States of America at Corporate Graphics in North Mankato, Minnesota.

Tabla de contenido

Gracias

El sol calienta.

Las flores florecen.

Estamos agradecidos
de los días soleados.

El ser agradecido
es dar las gracias.

Rae recibe un regalo.

Ella se siente agradecida.

Ella escribe una carta
para dar las gracias.

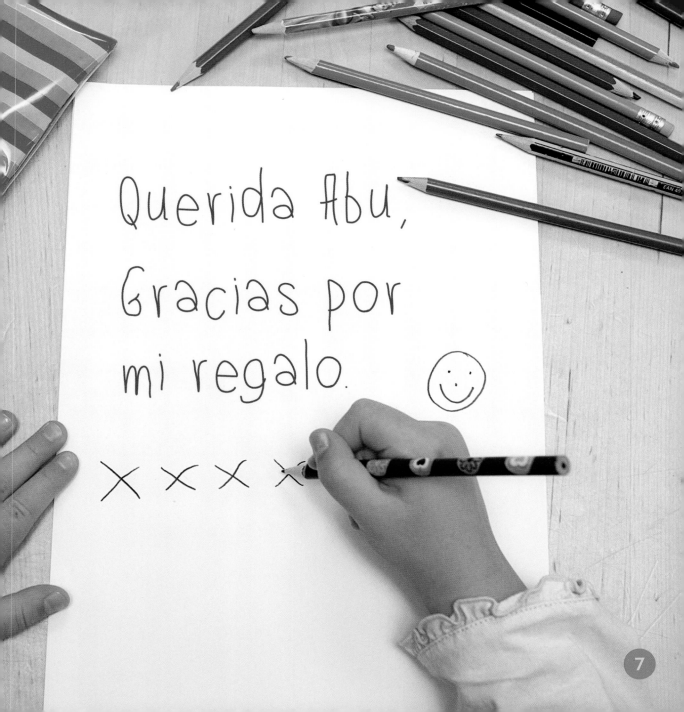

Querida Abu,
Gracias por
mi regalo. ☺

✗ ✗ ✗ ✗

Un bombero rescató el gato de Zoe.

Ella le hornea galletas.

Así es como le dice gracias.

La Sra. Sun es
nuestra maestra.

Ella nos enseña
algo nuevo todos
los días.

Le damos
las gracias.

Tom está agradecido
por su silla de ruedas.

¡Le ayuda a
ir más rápido!

Jugamos afuera.

músculos

Nos sentimos agradecidos
de nuestros músculos.

Nos hacen fuertes.

¡Oh, no! ¡Está lloviendo!
Pero Deb se siente
agradecida. ¿Por qué?
La lluvia ayuda
crecer a las plantas.

Es hora de comer.

Damos las gracias.

Estamos agradecidos
de nuestra comida.

¿De qué te
sientes agradecido?

Frasco para dar gracias

Practica ser agradecido al crear un frasco para dar las gracias.

Necesitarás:
- frasco de vidrio vacío
- tijeras
- papel de manualidades
- lápiz

Instrucciones:
1. Corta e papel en cuadros.
2. Cada día, escribe algo de lo cual te sientes agradecido. ¿Es algo que tienes? ¿Algo que has hecho? ¿Alguna persona?
3. Dobla la nota. Ponla en el frasco.
4. Al terminar la semana, lee tus notas.
5. Sigue agregando más. ¡Ser agradecido se siente bien!

Glosario con fotografías

dar las gracias
Una oración corta antes de los alimentos.

músculos
Parte del cuerpo que te da el poder de empujar, jalar y levantar.

florecer
Crecer y salir.

silla de ruedas
Una silla con ruedas que la gente que no puede caminar usa para llegar de un lado a otro.

Índice

Para aprender más

Aprender más es tan fácil como 1, 2, 3.

1) Visite www.factsurfer.com

2) Escriba "seragradecido" en la caja de búsqueda.

3) Haga clic en el botón "Surf" para obtener una lista de sitios web.

Con factsurfer.com, más información está a solo un clic de distancia.